FAUT-IL AUTORISER LES CONGRÉGATIONS ?

* *

Les Pères blancs

(SOCIÉTÉ DES MISSIONNAIRES D'AFRIQUE)

PAR

MAURICE BARRÈS

DE L'ACADÉMIE FRANÇAISE

VICE-PRÉSIDENT DE LA COMMISSION DES AFFAIRES ÉTRANGÈRES

PARIS

LIBRAIRIE PLON

PLON-NOURRIT ET Cⁱᵉ, IMPRIMEURS-ÉDITEURS

8, RUE GARANCIÈRE - 6ᵉ

Tous droits réservés

FAUT-IL AUTORISER LES CONGRÉGATIONS ?

* *

Les Pères blancs

★ ★

Les Pères blancs

(SOCIÉTÉ DES MISSIONNAIRES D'AFRIQUE)

PAR

MAURICE BARRÈS

DE L'ACADÉMIE FRANÇAISE
VICE-PRÉSIDENT DE LA COMMISSION DES AFFAIRES ÉTRANGÈRES

PARIS

LIBRAIRIE PLON

PLON-NOURRIT ET Cᵉ, IMPRIMEURS-ÉDITEURS

8, RUE GARANCIÈRE - 6ᵉ

Tous droits réservés

LES PÈRES BLANCS

Rapport (1) *fait au nom de la Commission des Affaires étrangères chargée d'examiner le projet de loi* tendant à autoriser la congrégation dite « Société des Missionnaires d'Afrique » (Pères blancs.)

MESSIEURS,

Le gouvernement, par son projet de loi n° 5292, déposé le 20 décembre 1922 sur le bureau de la Chambre, vous propose d'accorder l'autorisation légale à la congrégation dite Société des Missionnaires d'Afrique ou Pères blancs.

En examinant ce projet, votre Commission n'a pas jugé à propos de revenir sur les deux questions d'ordre général qu'elle a traitées à propos des Frères des écoles chrétiennes (rapport du 27 mars 1923, n° 5885). Elle tient désormais pour démontré que les pouvoirs publics ne peuvent pas se désintéresser de l'œuvre des missions catholiques françaises à l'étranger, et que l'organisation de ces mis-

(1) Ce rapport a été publié dans les documents législatifs sous le n° 6110 en annexe au procès-verbal de la première séance du 7 juin 1923.

sions ne saurait trouver son fondement juridique dans l'article 2 de la loi du 7 juillet 1904.

Aussi bien cet article 2 ne s'appliquait qu'aux congrégations autorisées au titre exclusivement enseignant, c'est-à-dire, parmi les congrégations d'hommes, aux seuls Frères des écoles chrétiennes. Quant aux Pères blancs, c'est par application de l'article 13 de la loi du 1er juillet 1901 que le gouvernement actuel, comme autrefois celui de M. Combes, vous propose de leur accorder l'autorisation légale.

Il faut, en effet, se rappeler que les Pères Blancs ont adressé leur demande en autorisation le 30 septembre 1901 au Ministre de l'Intérieur, comme le leur prescrivait l'article 18 de la loi, et que le Gouvernement d'alors déposa sur le bureau du Sénat, le 2 décembre 1902, sous le n° 364, un projet de loi portant acceptation partielle de cette demande. Ce projet ne fut l'objet d'aucun rapport et ne vint jamais en discussion. Il n'était pourtant pas oublié : en 1914, le Ministre de l'Intérieur en réclama le dossier au Sénat, afin de le soumettre à un nouvel examen. Fait à peine croyable ! le dossier ne se retrouva pas, et c'est ainsi que la société des Missionnaires d'Afrique est, depuis vingt-deux ans, en instance d'autorisation. Elle n'a été soumise à aucune procédure de liquidation, sa responsabilité étant complètement couverte du seul fait qu'elle s'était conformée à la loi, en déposant sa demande dans les délais impartis. Comme M. Waldeck-Rousseau l'avait déclaré au Sénat le 22 juin 1901, « c'était au Parlement à faire aboutir cette demande ou à la rejeter dans un délai dont il demeurait maître ». Il en demeurait maître ! C'est incontestable. Mais laisserons-nous les choses en état, laisserons-nous le délai courir indéfiniment, laisserons-nous, par inertie ou par crainte des responsabilités, la loi tomber en désuétude? Il faut en finir; il faut prendre parti; il faut accueillir enfin la demande ou la repousser, selon que les œuvres de la société auront été jugées utiles, indifférentes ou nuisibles à l'intérêt national. C'est un examen à faire. Votre Commission y a procédé. Pour conclure en toute clarté, elle a voulu connaître les services que rendent les Pères blancs et le péril qu'ils courent.

I

LES SERVICES QUE RENDENT LES PÈRES BLANCS

Les Pères blancs (nous employons ce nom sous lequel sont plus communément connus les Missionnaires d'Afrique) ont été fondés en 1868 par Mgr Lavigerie, archevêque d'Alger, pour recueillir les petits Arabes que la famine venait de rendre orphelins. Mais ils étendirent bientôt leur champ d'action au Sud-Algérien (Laghouat et Biskra, en 1872), puis aux tribus kabyles du Djurdjura, qui avaient pris part à l'insurrection de 1871. En 1875, ils s'établissaient en Tunisie, et en 1878 à Jérusalem, où le gouvernement français leur confia la garde du sanctuaire de Sainte-Anne, propriété de l'État. Ils s'étaient déjà dirigés, à travers le Sahara, vers le Niger, mais leurs caravanes y furent massacrées en 1876 et en 1881. C'est seulement en 1885 qu'ils purent entrer dans le Soudan, par la voie du Sénégal, et y installer leurs missions. En 1878, dix d'entre eux, qui avaient pénétré, par la côte orientale de l'Afrique, vers les lacs Tanganyika et Nyanza écrivaient : « Nous sommes les premiers Français qui, envoyés par notre évêque, Français comme nous, allons porter la langue et l'influence de la France dans les profondeurs africaines. Nous voici pour tenir sa place. Nous lui sacrifions par avance tout ce qui nous est cher, et nos vies mêmes. Si nous y périssons, qu'elle se souvienne seulement que dix de ses enfants, de ses prêtres, sont morts obscurément en pensant à elle et en l'aimant jusqu'à la fin. » Ils s'appelaient Livinhac, Girault, Lourdet, Barbot, Pascal, Denioud, Dromaux, Delaunay, Augier, Amans. Le roi de l'Ouganda, Mteça, leur offrit de mettre ses États sous le protectorat de la France : le gouvernement d'alors n'accueillit pas la proposition.

A cette heure, l'activité des Pères blancs s'exerce :

1º Dans l'Afrique du Nord (Tunisie, Algérie, Sahara) ;
2º Dans le Soudan français ;
3º Dans l'Afrique équatoriale ;
4º A Sainte-Anne de Jérusalem.

1º Les Pères blancs dans l'Afrique du Nord
(Tunisie, Algérie et Sahara).

La Société a son siège social et son noviciat à Maison-Carrée, près d'Alger, et sa maison d'études supérieures à Saint-Louis de Carthage, près de Tunis, où le Père Delattre a aussi installé les collections puniques sorties de ses fouilles (Musée Lavigerie). Les Frères coadjuteurs reçoivent leur formation à l'établissement agricole de Saint-Joseph de Thibar, qui s'étend sur environ 400 hectares de terrain. Une ferme modèle fournit aux colons tunisiens et algériens toutes sortes d'indications relatives à la culture et à l'élevage, et donne aux habitants du village formé par les orphelins de la famine de 1893 une éducation pratique, qui fait d'eux, pour les Européens, de précieux collaborateurs.

En Algérie, les Pères blancs ont reçu des évêques, qui manquent de prêtres diocésains, la charge d'assurer le service de quelques paroisses (aumôneries de Mekla et de Bermandreis, paroisses de Saint-Cyprien et de Sainte-Monique aux Attafs, de Djelfa, de Laghouat, de Géryville et d'Aïn-Sefra). Mais leur ministère s'exerce surtout auprès des indigènes par des dispensaires, des hôpitaux, des écoles et des orphelinats (Dra-el-Misan, Fort-National, Djurdjura, El Goléa, Ouargla, Ghardaïa, Oued-Marsa, Akbou). Ce sont eux qui occupent l'immense préfecture apostolique du Sahara (Ghardaïa en Sahara), qui s'étend au sud de la Tunisie et de l'Algérie, entre le sud Tripolitain et le sud Marocain, jusqu'au 20e degré de latitude nord, sur une population presque tout entière musulmane.

Ces œuvres des Pères blancs se répartissent ainsi :

	Stations.	Pères blancs.	Frères coadjuteurs.
1er janvier 1901..	16	47	10
1er janvier 1911..	15	55	15
1er janvier 1921..	18	58	11

A ces contingents il faut ajouter 102 sœurs et 13 catéchistes. Il y a 20 écoles où s'instruisent 712 garçons et 361 filles. La mission compte 1 300 néophytes (c'est le nom donné à ceux qui ont manifesté l'intention d'adhérer au christianisme) et 200 catéchumènes (c'est le nom de ceux qui suivent assidûment les cours d'instruction religieuse). Durant l'exercice 1920-1921, 172 436 malades ont été soignés dans les dispensaires de la société.

Les Pères blancs, fidèles aux instructions qu'ils ont reçues du cardinal Lavigerie et que leur expérience a confirmées, sont extrêmement discrets en fait de prosélytisme religieux : ils soignent les malades, instruisent les enfants et, comme disait le Père de Foucauld, s'efforcent d'apprivoiser petit à petit les indigènes. Rien de plus. Qu'ils aient gagné la confiance des indigènes, on l'a bien vu en 1914 : c'est à eux que ceux-ci, chrétiens ou musulmans, en partant pour la guerre, confièrent le soin de veiller sur leur famille, de transmettre les nouvelles et d'assurer le service des allocations. Et lorsque, faute de personnel, la mission dut supprimer certaines stations, celle de

Médina par exemple, ou celle des Beni-Yenni, tous les intéressés furent unanimes à en réclamer le rétablissement.

Voilà des faits qui sont attestés par notre collègue, M. Steeg, gouverneur général de l'Algérie. M. Steeg, dans une dépêche adressée, le 5 avril 1922, à M. le Ministre de l'Intérieur, déclare que les autorités françaises ne peuvent que se féliciter d'une action qui « tend à adoucir tout ce que les mœurs kabyles présentent de barbare, à améliorer la condition sociale de la femme, à relever sa considération, à lui donner au sein de la famille la place et l'influence qu'elle doit avoir. L'action des missionnaires d'Afrique, ajoute-t-il, s'efforce de démontrer les bienfaits de notre domination, ainsi que la grandeur et la noblesse de l'œuvre poursuivie par la France en ces régions. Il convient d'ajouter, avec M. l'administrateur de la commune mixte du Djurdjura, que les efforts des Pères blancs tendent à pousser à la naturalisation française les sujets musulmans dont l'esprit et le cœur ont été pénétrés d'idées et de sentiments français.

« Il convient d'insister plus particulièrement sur ce point qu'ils ne font dans cette région aucune propagande religieuse. L'expérience leur a en effet démontré depuis longtemps qu'ils n'ont pas à compter sur l'action religieuse, et qu'ils ne peuvent se livrer à aucun prosélytisme vis-à-vis des indigènes. C'est leur esprit de charité, leur tolérance qui leur attire nos sujets musulmans dont ils visitent les malades et secourent les nécessiteux. »

Et pour conclure, M. Steeg déclare : « Des opinions ci-dessus résumées, il résulte que les œuvres poursuivies par les Pères blancs ont un caractère d'intérêt général, très utile à l'influence française, qui doit les faire considérer avec faveur par le gouvernement. J'estime, en conséquence, que la demande d'autorisation formulée par cette congrégation religieuse pourrait être favorablement accueillie ».

2° *Les Pères blancs au Soudan français.*

La préfecture du Sahara se continue au sud, jusqu'au 10° de latitude nord, entre le Sénégal, la Sénégambie et la Guinée à l'ouest, et le Tchad à l'est, par les deux vicariats de Bamako et de Ouaghadougou, dont la population s'élève à 10 millions d'âmes. Ces missions, dont l'origine ne remonte qu'à 1885, comptaient :

	Stations.	Pères blancs.	Frères coadjuteurs.
En 1901...	7	17	4
En 1911...	9	32	4
En 1922...	12	57	4

auxquels il faut ajouter 22 Sœurs blanches et 60 catéchistes. Le nombre des néophytes est de 4 543 et celui des catéchumènes de 5 427. Pendant l'exercice 1920-1921, 95 463 malades ont été soignés dans les dispensaires, et la mortalité infantile, qui est considérable dans les pays noirs, a sensiblement diminué : les indigènes en marquent aux missionnaires une extrême reconnaissance, qui rend beaucoup plus aisé le développement de notre influence.

Les écoles sont peu nombreuses : 10, en 1922, pour 154 garçons et 60 filles. Cependant, les religieux ont élevé certains indigènes à un degré d'instruction qui leur a permis de devenir instituteurs dans les écoles de l'État, d'entrer dans les services des postes et des chemins de fer et parfois même dans les bureaux de l'administration. — Des ouvroirs ont été fondés, sous la direction de Sœurs blanches, pour les femmes et les jeunes filles, celui de Ouaghadougou, par exemple, dont les tapis ont attiré l'attention à l'Exposition coloniale de Marseille. — Des corps de métiers s'organisent : maçons, menuisiers, charpentiers, forgerons, etc. — Enfin, les exploitations agricoles, qui fonctionnent dans chaque station, initient bon nombre d'indigènes aux méthodes européennes, qu'ils appliquent ensuite pour leur propre compte, contribuant ainsi à la prospérité de la colonisation.

Le progrès matériel va donc de pair avec le progrès moral : les missionnaires s'efforcent d'inspirer aux indigènes l'amour du travail, de l'ordre, de l'économie, et leur persévérance reçoit petit à petit sa récompense.

En formant des ouvriers, en instruisant les enfants, en soignant les malades, en consolant les malheureux, ils ont contribué à faire accepter la domination française et même à la faire aimer. Ils ont rendu plus aisé le recrutement des troupes. Ces troupes, en qualité d'interprètes, sinon d'aumôniers, sous la direction de Mgr Lemaître, alors vicaire apostolique du Sahara, aujourd'hui archevêque de Carthage, ils les ont accompagnées au front, tandis que leurs confrères demeurés dans les villages africains y maintenaient le bon ordre, la confiance et la fidélité à la métropole.

Voici un fait probant : à la fin de 1915, les Pères blancs, qui étaient installés, loin de tout secours, à Toma, village d'environ 2 000 habitants, dans le cercle de Dédégou, sur la Haute-Volta, reçurent leur ordre de mobilisation. Ils partirent, laissant leur mission à la garde des habitants. Elle fut en effet gardée nuit et jour et ne subit aucun dommage. Cependant, quelques tribus s'étaient insurgées. Leurs bandes, fortes de 4 000 hommes, armées de fusils et de flèches empoisonnées, vinrent attaquer Toma. Les défenseurs n'étaient que 400 : un contre dix ; ils résistèrent et, en une seule matinée, eurent 35 morts et 95 blessés. Comme ils allaient succomber sous le nombre, les hommes de deux villages voisins tous musulmans, accoururent. Pourquoi? Par reconnaissance pour les Pères. C'est ainsi que Toma fut sauvé.

L'on rapporte que Crispi disait du cardinal Lavigerie :

« Sa présence en Tunisie vaut à la France une armée. »
Ce sont des armées que nous valent, à travers le Soudan, les postes des Missionnaires d'Afrique.

3º Les Pères blancs en Afrique équatoriale.

Ici, nous sortons de France pour entrer dans les zones anglaise et belge.

Les territoires qui s'étendent du 4e degré de latitude nord au 15e degré de latitude sud, entre le 36e et le 26e degré du méridien est de Greenwich, forment neuf vicariats et une préfecture apostolique : 1º les vicariats du Congo supérieur, du Ruanda et de l'Ourundi, et la préfecture du lac Albert, soit 5 millions d'âmes, sous contrôle belge, et 2º les vicariats de l'Ouganda, du Victoria-Nyanza, de l'Ouny-Anyembé, du Tanganyika, du Banguelo et du Nyassa, soit 8 millions d'âmes, sous contrôle britannique.

Ces territoires sont évangélisés par 387 Pères blancs, dont 180 sont français, sous l'autorité de 7 prélats français, de 2 belges et d'un hollandais.

Les Pères sont secondés par 155 Sœurs. Ils ont créé 110 stations et ont groupé 325 000 néophytes et 135 000 catéchumènes ; ils ont ouvert 2 300 écoles, où ils enseignent 65 000 garçons et 40 000 filles ; et dans 110 dispensaires ils ont soigné, durant l'exercice 1920-1921, douze cent mille malades.

De tels résultats (relevés à la fin de l'exercice 1920-1921) sont bien supérieurs à ceux qui, dans le même temps, ont été obtenus en territoire français. C'est que les Pères blancs trouvent, sous le contrôle belge et sous le contrôle britannique, une liberté d'action que nous ne leur accordons pas. Les autorités anglaises se félicitent beaucoup de l'activité des Pères blancs. Dans l'Ouganda, le Banguelo et le Nyassa, elles ont demandé à notre gouvernement de laisser à leur disposition certains missionnaires mobilisables, pour qu'ils continuent leur service religieux et sanitaire auprès des indigènes, et sans doute aussi pour qu'ils assurent le maintien de l'ordre dans le pays...

Services rendus hors de France, et pourtant services français. Services qui bénéficient à des étrangers, mais tout de même affirment des manières d'être françaises. Les Pères blancs sont les fils du cardinal Lavigerie, et chacun voit bien que, par eux, c'est la France qui s'efforce d'amener à la civilisation occidentale les misérables populations du centre africain.

4° Les Pères blancs à Sainte-Anne de Jérusalem.

En 1878, le gouvernement français avait confié aux Pères blancs la garde du sanctuaire de Sainte-Anne à Jérusalem. Quatre ans plus tard, en 1882, le cardinal Lavigerie imagina de fonder, dans les dépendances de cette basilique, un séminaire pour les catholiques du rite grec melkite. Initiative de grande portée, et dont la valeur doit être éclairée ici par quelques brèves explications.

On sait que certaines fractions des Églises orientales (l'arménienne, la roumaine, la ruthène, la melkite, la chaldéenne, la syrienne, etc.) reconnaissent l'autorité du Saint-Siège et sont unies à l'Église romaine. Ces fractions attirent depuis quelques années la sollicitude très vive de la cour de Rome ; le pape Benoît XV les a soumises, en 1917, à l'autorité d'un ministère spécial, dit Congrégation pour l'Église orientale, et a fondé à Rome pour leur service un institut pontifical d'études supérieures. Félicitons-nous que ce soient des Français qui, les premiers, aient pris en main la cause de ces chrétientés non latines, et créé des séminaires où elles recrutent et forment leur clergé :

Séminaire Saint-François-Xavier, pour tous les Orientaux, tenu par les Jésuites (fondé en 1846, à Ghazir, transporté à Beyrouth en 1875) ;

Séminaire de Sainte-Anne de Jérusalem, pour les melkites, tenu par les Pères blancs (1882) ;

Séminaire de Mossoul, pour les Chaldéens, tenu par les Dominicains (1882) ;

Séminaire de Kadi-Keui, pour les Gréco-Slaves, tenu par les Assomptionnistes (1895) ;

Séminaire du mont des Oliviers, à Jérusalem, pour les Syriens, tenu par les Bénédictins de la Pierre-qui-Vire (1904), etc...

Les catholiques melkites, pour lesquels nous disons que le cardinal Lavigerie a fondé un séminaire à Sainte-Anne de Jérusalem, habitent la Syrie, la Palestine et l'Égypte (sans parler de leurs colonies en Amérique du Nord, au Brésil et en Australie). Leur patriarche, Mgr Cadi, ancien élève du séminaire de Saint-Sulpice, a juridiction sur deux patriarcats, six métropoles et sept évêchés. Leurs centres religieux (équivalents à nos paroisses) sont au nombre de 261. Ils avaient en 1907, 172 prêtres séculiers et 317 moines. Leur clergé reçoit sa formation chez les Bénédictins allemands du collège Saint-Athanase, à Rome, chez les Jésuites français du séminaire Saint-François-Xavier, à Beyrouth, et surtout chez les Pères blancs de Saint-Anne, à Jérusalem. Cette dernière maison est devenue, sans comparaison possible, le principal centre de formation du clergé melkite. Elle a déjà donné à la « nation » melkite cinq évêques, une centaine de prêtres, et bon nombre de professeurs et d'instituteurs laïques, tout imprégnés de culture française en même temps que de leurs propres traditions (1). On y comptait en 1914, 125 élèves, dirigés par 18 religieux et par 6 frères coad-

(1) Ceux, par exemple, qui dirigent au Caire le collège grec-catholique. Voir Maurice PERNOT, *Rapport sur un voyage d'étude à Constantinople, en Égypte et en Turquie d'Asie.* (Paris, 1913.)

juteurs. Ils sont répartis dans un petit et un grand séminaire. Au petit séminaire, le cycle des études comprend huit années, où l'on enseigne le français, le latin, l'arabe et le grec, les littératures française et arabe, l'histoire générale, l'histoire de France, la géographie et les éléments des sciences. Au grand séminaire, les jeunes gens suivent, pendant cinq ans, les cours de philosophie et de théologie. L'enseignement est donné en arabe pour la langue et la littérature arabes, en latin pour la théologie, en français pour tout le reste. Les élèves, tous des Melkites, rien que des Melkites, vivent à la mode de leurs pays, de façon qu'ils ne puissent se déraciner, et qu'ils ne se sentent pas étrangers à leurs ouailles lorsqu'ils assumeront la charge du ministère paroissial.

Il est utile d'ajouter que les Pères blancs s'interdisent absolument de se recruter parmi leurs élèves melkites.

Le séminaire de Sainte-Anne exerce son influence sur près de 300 000 fidèles. C'est en soutenant de telles œuvres que la France s'acquitte le plus dignement de sa mission tutélaire auprès des chrétiens du Levant, mission qui n'est pas de les dominer, de les régenter, de les exploiter, mais de les instruire et de les servir.

II

LE PÉRIL QUE COURENT LES PÈRES BLANCS

Voilà donc les Pères blancs organisés pour rendre de grands services français, à Sainte-Anne de Jérusalem, dans l'Afrique équatoriale, dans l'Afrique du Nord et dans le Soudan, mais ils y sont trop peu nombreux. Du fait de leur existence précaire et non autorisée, leur recrutement a subi une grave crise : la moyenne des admissions, qui avait été de 16,4 par an de 1891 à 1900, et de 26,6 de 1901 à 1910, est descendue à 8,7 de 1911 à 1920. Elle se relève, mais avec une extrême lenteur, et dans cette minute, sur les trois points que nous avons examinés, à Jérusalem, dans l'Afrique équatoriale, dans l'Afrique du Nord, les Pères blancs ne suffisent pas à leur tâche, qui, votre Commission a voulu s'en rendre compte, s'est gravement alourdie du fait du traité de Versailles.

1° *A Sainte-Anne de Jérusalem,* le nombre des Pères blancs est tombé de 18 à 10, alors que l'application du mandat français en Syrie devrait avoir pour conséquence une nouvelle extension du séminaire melkite ;

2° *Dans l'Afrique équatoriale,* le nombre des Pères blancs est tombé de 224 à 180, alors que la Société, pour faire face aux obligations créées par l'article 438 du traité de Versailles, doit remplacer par des religieux non-allemands les missionnaires allemands expulsés des anciennes colonies allemandes.

L'article 438 du traité de Versailles, en effet, stipule que les biens ayant appartenu à des sociétés missionnaires allemandes, dans des territoires en possession des puissances alliées et associées ou confiés à leur gouvernement (pays de mandat), seront soustraits à la confiscation ou à la liquidation prévues par l'article 279 du traité, resteront affectés à des œuvres de mission, et que la propriété en sera transférée à des conseils d'administration (board of trusties) nommés ou approuvés par les gouvernements et composés de personnes ayant les croyances religieuses de la mission dont la propriété est en question.

3° et 4° *Dans l'Afrique du Nord et le Soudan,* le nombre des Pères blancs est resté stationnaire, alors que, vous ne l'ignorez pas, d'autres missionnaires qui, eux, ne sont pas Français, et qui ne se font pas faute de combattre la France, y étendent activement leur champ d'opérations. Je parle de Suisses, de Belges, d'Anglais, d'Américains, d'Allemands qui, en Oranie, par exemple, s'adressent avec succès aux éléments d'origine espagnole, et qui, au Soudan, depuis l'armistice, ont créé des établissements, à Bamako, d'abord, puis à Ouaghad-Ougou. Adventistes, méthodistes, salutistes, luthériens, M. Georges Leygues les a signalés à la Chambre le 21 mars 1904 (1). Il nous les a montrés errant dans les montagnes de Kabylie, parmi les tribus du sud et sur les confins des territoires qui nous séparent du Maroc, emportant avec leur Bible, dans le sac de toile noire pendu à leur épaule, « des brochures et des journaux en langue arabe, où l'on ne parle que de la décadence de la France ». A cette propagande anti-française, il faut opposer une propagande française, de quelque doctrine qu'elle se réclame, pourvu qu'elle soit honnête et fasse aimer la France. Nous ne devons pas laisser disparaître les missions françaises catholiques pour laisser le champ libre aux missions étrangères protestantes, venant servir, jusque chez nous, des puissances rivales.

C'est l'avis des protestants français les plus autorisés. Rappelez-vous la lettre retentissante que les Auguste Sabatier, les Vaucher, les Bonet-Maury écrivirent en 1901 à M. Sarrien, président de la Commission des associations : « Nous sommes des adversaires résolus de toute immixtion des ordres religieux dans la politique, lui disaient-ils, et nous condamnons énergiquement toute tentative de leur part pour sortir de leur rôle, qui est un rôle d'enseignement et de charité. Mais nous n'admettons pas davantage que le législateur interdise ou paralyse leur action au dehors, soit directement en les supprimant, soit indirectement en leur enlevant des ressources indispensables et en leur rendant tout recru-

(1) Voir sur ces questions *Journal officiel*, débats de la Chambre, discours de M. Leygues, 7 et 21 mars 1904, de M. Etienne Flandin, le 18 mars 1904, et de M. François Deloncle, le 21 mars 1904.

tement impossible. Anglais, Américains, Allemands, Italiens et Russes soutiennent de leur argent et de leur influence, comme un précieux agent d'expansion morale ou matérielle, leurs missionnaires d'Orient ou d'Extrême-Orient. En ces temps de compétitions universelles, la France, qui reste à cet égard privilégiée, doit-elle renoncer à soutenir ceux qui luttent au loin pour elle? »

Renoncer à soutenir ceux qui luttent pour la France ! Le gouvernement ne l'a pas voulu. Votre Commission se range à l'opinion du gouvernement.

III

CONCLUSION

Messieurs, le moment est venu de donner aux Pères blancs le statut légal qu'ils nous ont demandé, il y a vingt-deux ans, le 30 septembre 1901.

Leur situation n'est pas aussi compromise que celle des Frères des écoles chrétiennnes : ils n'ont perdu aucun de leurs biens, et leurs établissements n'ont pas été fermés. Mais leur existence est précaire ; cette incertitude où on les maintient, quant à leur demande en autorisation, nuit au développement de leur œuvre.

Cette œuvre était utile hier : elle l'est plus encore après la paix de Versailles. Le gouvernement vous propose d'agréer leur demande. Il n'y a place pour aucune équivoque. La Société des Missionnaires d'Afrique est une société exclusivement missionnaire, dont l'activité doit s'exercer tout entière hors de France. Les établissements autorisés en France n'ont d'autre objet que d'assurer le service des missions. Votre Commission des affaires extérieures ne fait au texte établi par le gouvernement aucune critique de fond. Elle a reconnu que cet ensemble de dispositions forme un tout organique, qui assure à la congrégation les moyens de vivre et de se développer, en même temps qu'à l'État la faculté de la contrôler. Elle estime que ce sont là les conditions d'un de ces pactes de bonne foi que M. Waldeck-Rousseau appelait de ses vœux, et c'est pourquoi elle vous propose de vouloir bien approuver de votre vote le projet du gouvernement.

TABLE DES MATIÈRES

PARIS

TYPOGRAPHIE PLON-NOURRIT ET Cie

8, rue Garancière

www.ingramcontent.com/pod-product-compliance
Ingram Content Group UK Ltd.
Pitfield, Milton Keynes, MK11 3LW, UK
UKHW022344170726
13837UKWH00005BA/2406